동물들은 다양한 방식으로 뛰어난 능력을 보여요.
어떤 동물은 아주 긴 다리로 걷고요.
어떤 동물은 키가 어마어마하게 커요.
어떤 동물은 자신의 종 중에서 몸집이 가장 거대해요.
가장 큰 동물들에게는 천적이 거의 없어요.
어릴 때만 조심해서 다니면 돼요.
다 자라고 나면 누구도 그들을 공격할 수 없어요.
딱 하나, 인간만은 예외예요. 인간은 모든 동물을 사냥하니까요.
하지만 크다고 해서 항상 편한 것만은 아니에요.
다리가 길면 곤란한 일이 생길 수도 있어요.
또 몸집이 크면 먹이도 많이 필요해요.
이 책에서 여러분은 세상에서 가장 큰 아홉 친구들을 만날 거예요.
여러분은 누가 가장 마음에 들어요?

목차

기린	8
코모도왕도마뱀	14
아프리카코끼리	20
남극하트지느러미오징어	26
말코손바닥사슴	32
흰긴수염고래	38
타조	44
갈라파고스땅거북	50
하마	56

기린

나는 풀이 많은 넓은 들판을 우아하게 걸어 다녀요. 긴 목과 긴 다리 덕분에 다른 친구들보다 높이 우뚝 솟아 주변의 모든 것들을 내려다본답니다. 적이 어디에 있는지 살펴 볼 때도 쌍안경이 필요 없어요.

나는 누구일까요?

- 이름: 기린
- 종류: 포유류

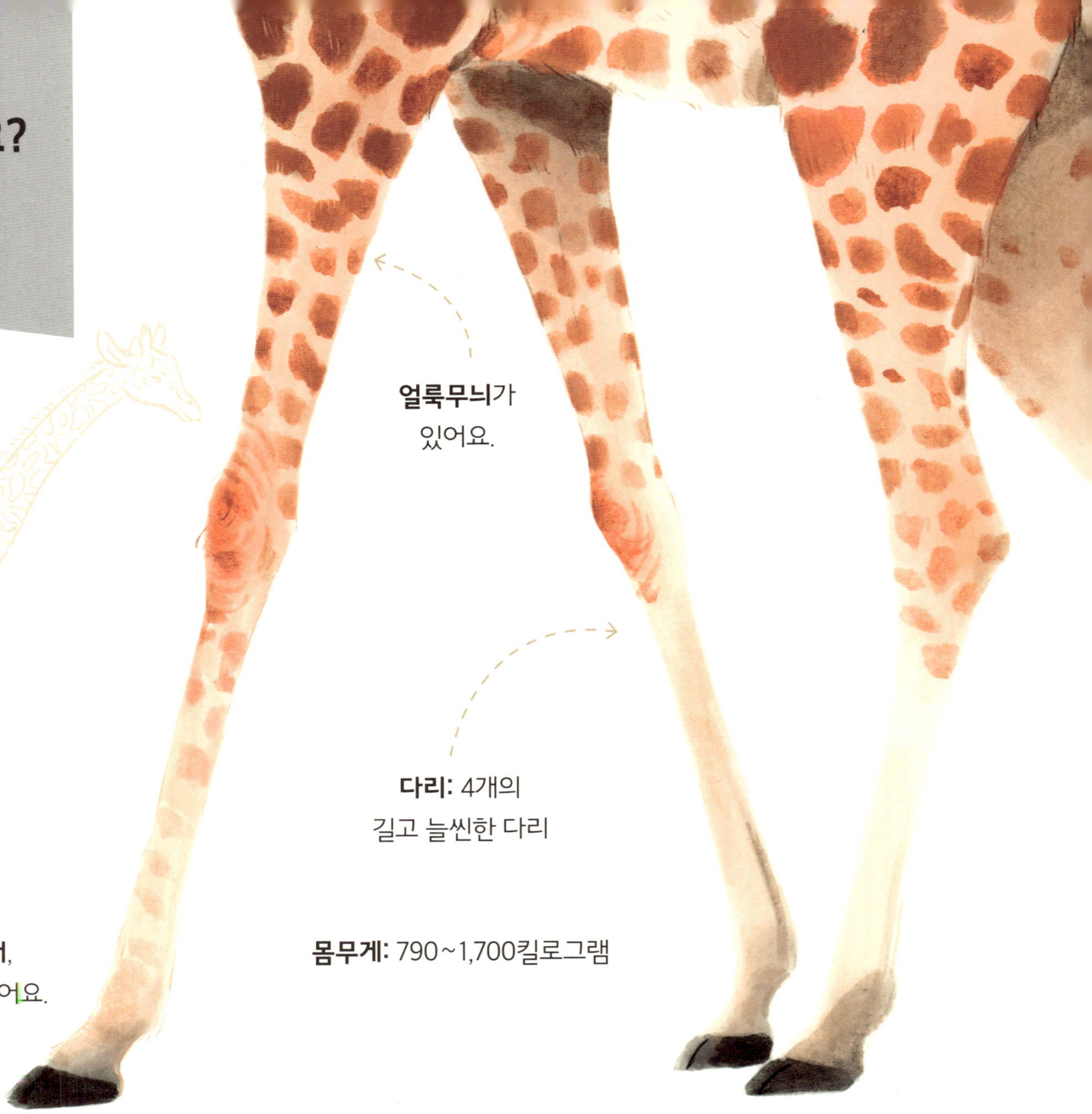

얼룩무늬가 있어요.

다리: 4개의 길고 늘씬한 다리

크기: 수컷은 최대 **5.7미터**, 암컷은 최대 **4.8미터** 정도 되어요.

몸무게: 790~1,700킬로그램

서식지: 아프리카의 따뜻한 지역, 여기저기 풀과 나무가 많은 곳에 살아요.

먹이: 잔가지와 나뭇잎 (특히 아카시아의 과일과 싹을 좋아해요), 과일, 새싹

속도:
나는 **단숨에 시속 56킬로미터**까지 달리지만 계속 그 속도를 유지할 수는 없어요. 보통 한 시간에 **16킬로미터** 정도로 걷는답니다.

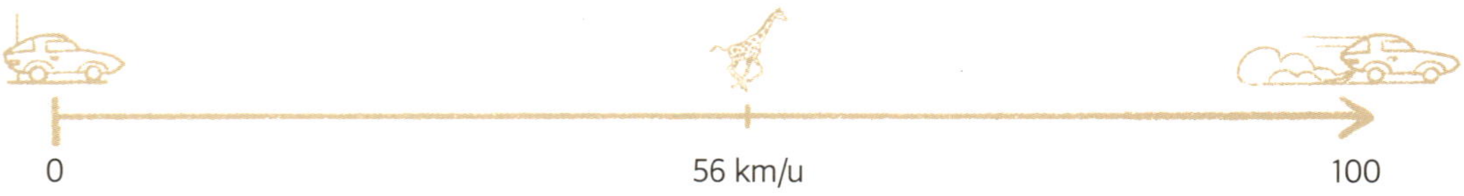

0　　　　　56 km/u　　　　　100

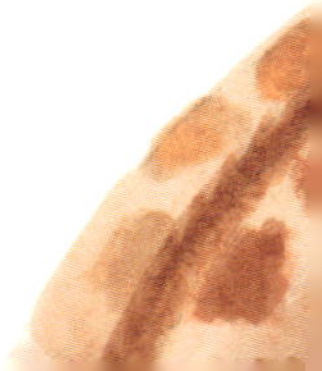

천적:

치타　표범　사자　하이에나　악어

머리 위에는 손잡이처럼 생긴 **뿔**이 2개 있어요. 암컷의 뿔에는 털이 있지만 수컷의 뿔은 밋밋해요.

꼬리 끝에는 기다란 **털이 한 다발** 있어요.

찌르레기 같은 새들이 목과 등에 자주 앉아요. 새들은 내 털에 돌아다니는 **벌레**들을 쪼아 먹어요. 그러면 나는 기분이 아주 좋아진답니다.

크고 깊은 **눈**에 기다란 **속눈썹**도 있어요.

수컷들은 나를 차지하기 위해 서로 **싸워요**. 긴 목을 흔들어서 서로의 머리를 힘껏 때리지요. 이렇게 **목으로 레슬링**을 할 때는 머리에 달린 뿔을 무기로 사용해요.

나는 거의 하루 종일 먹이를 먹고 소처럼 **되새김질**해요.

잠은 대부분 **서서 자는데** 자는 시간도 20분을 넘기지 않아요. 이따금 딱 1분 동안 **짧게 낮잠**을 잘 때도 있어요.

나는 10~20마리 되는 암컷 무리 속에서 **새끼**를 데리고 살아요. 어떤 무리는 암컷과 새끼뿐만 아니라 수컷도 있어서 무리의 규모가 훨씬 커요. 나는 원할 때마다 **무리를 바꿀 수도** 있답니다.

사람들은 우리를 **사냥해서** 잡아먹어요. 가죽을 벗겨서 온갖 도구를 만드는 데 사용하지요. 꼬리로는 파리채나 팔찌를 만들어요.

나는 키가 커서 곤란할 때가 있어요.
웅덩이에서 물을 마실 때예요.
나는 다리를 양옆으로 뻗고
목을 깊숙이 숙여야 해요.

목 길이는 약 1.8미터 정도예요.
여러분보다 훨씬 길지요!
기다란 목 덕분에 다른 동물들이
닿지도 못하는 높은 나무의
나뭇잎을 먹을 수 있어요.
내 다리도 목만큼이나 길어요.
발굽은 지름이 30센티미터나 도 어요.
여차하면 사자를 발로 '뻥!' 차서
죽게 할 수도 있어요.

이런 자세를 하고 있으면
천적이 쉽게 공격할 수 있어요.
그래서 무리 안에는 망을 보는 기린이
하나씩 꼭 있어야 한답니다.
다행인 것은 2~3주 동안은
물을 먹지 않고도
살 수 있다는 거예요.
먹이와 식물 위에 맺힌
이슬로도 충분한 수분을
얻을 수 있거든요.

긴 몸 전체로 피를 내보내기 위해 심장도 무척 크답니다.
내 심장은 무게만 해도 11킬로그램이나 나가요.
우유 11통과 맞먹는 무게랍니다. 정말 무겁지요?

내 꼬리는 1미터 정도이고
혀는 대략 53센티미터나 되어요.
하루에 먹는 나뭇잎과 잔가지의 양은
45킬로그램이 넘는답니다.
내 몸무게는 790킬로그램이지만
수컷은 최대 1,700킬로그램이나 나가요.

나는 서서 새끼를 낳아요. 갓 태어난 기린은 1.5미터 높이에서
땅으로 떨어지지요. 태어날 때 새끼의 키가 이미 2미터나 되고
몸무게도 70킬로그램이나 나가서, 조금 거칠게 다루어도 잘 이겨 낸답니다.

코모도왕도마뱀

나는 아주 오랜 옛날인 선사 시대의 동물과 닮았는데 세상에서 가장 큰 도마뱀이에요. 내 이름이라도 여러분 마음에 들었으면 좋겠어요. 왜냐하면 이름 말고 나를 좋아할 만한 요소가 딱히 없는 것 같거든요. 내 모습이 험상궂게 보여서 사람들은 내가 잔인하다고 생각해요.

나는 누구일까요?

이름: 코모도왕도마뱀
종류: 파충류

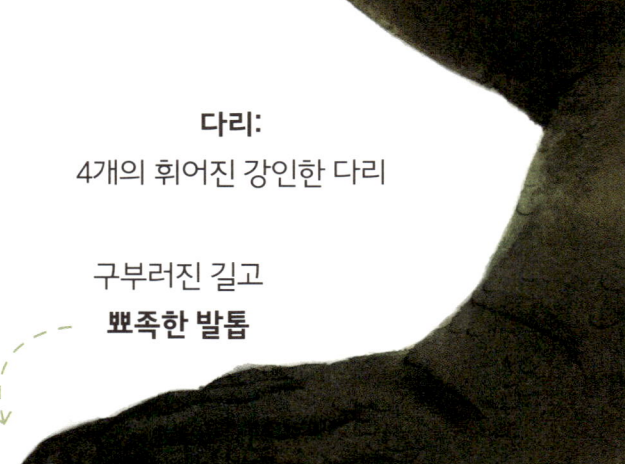

다리:
4개의 휘어진 강인한 다리

구부러진 길고 **뾰족한 발톱**

크기:
수컷은 **3미터**까지 자라고
암컷은 **1.8미터**까지 자라요.

몸무게: 최대 150킬로그램

날렵한 목

넓고 평편한 머리에
둥근 주둥이

몸 전체가 **거친 비늘**로
덮여 있어요.

서식지:
인도네시아의 코모도 섬과 근처의 섬들에 살아요.
광활한 초원과 탁 트인 숲, 덤불이 많은 언덕을 좋아해요.

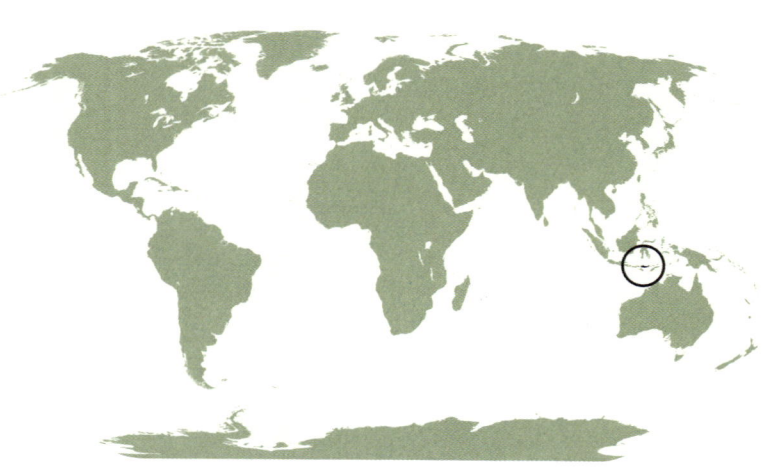

먹이:
동물의 사체, 새, 영장류,
멧돼지, 돼지, 염소, 사슴, 말, 물소,
그리고 어린 코모도왕도마뱀

속도:
나는 단거리 달리기 선수예요. **한 시간에 20킬로미터**까지 뛸 수 있답니다.

0   20 km/u   100

천적:
어린 코모도왕도마뱀은 멧돼지와 영장류,
어른 코모도왕도마뱀에게 잡아먹히기도 해요.

멧돼지　　영장류　　어른
　　　　　　　　　코모도왕도마뱀

어른 코모도왕도마뱀에게는
천적이 없답니다.

나는 **햇볕**을 쬐며 누워 있는 게 좋아요.
35도 넘는 온도와 높은 습도를 즐기지요.

나는 **나무 타기**를 잘하고 **수영**도 잘해요.
이따금 바다에 뛰어들어
다른 섬으로 헤엄쳐 갈 때도 있어요.

잘 들리지는 않지만, 300미터 정도 떨어진 곳에서 움직이는
동물까지 나는 **볼** 수 있어요. 게다가 냄새도 무척 잘 맡아요.
특이한 점은 코로 냄새 맡지 않고 **혀**를 내밀어 **냄새 입자**를
잡아낸다는 거예요. 나는 입천장에 혀를 문질러서 냄새를
알아내요. 바람의 방향만 제대로 잡는다면 **8킬로미터**
떨어진 곳에 있는 먹잇감 냄새도 맡을 수 있답니다.

몸 길이만큼이나 긴
근육질 꼬리

두꺼운 **비늘이 나를 감쌌기** 때문에 어떤 동물도
나를 해칠 수 없어요. 배가 유일한 약점이지만
아무도 감히 내 배를 건드릴 수는 없답니다.

내게는 **60개의 날카로운 이빨**이 있어요.
하나의 크기가 2.5센티미터 정도이며
잇몸 속에 숨겨져 있어요. 먹이를 물 때
잇몸 속에 있던 이빨들이
튀어나온답니다.

길고 노란 **혀**는
포크처럼 갈라졌어요.

우리는 아시아의 한 **작은 지역**에서만 살기 때문에 **사라지기 쉬운 종**이에요.
화산 폭발이나 또 다른 자연재해가 덮치면 우리는 완전히 멸종될 수도 있어요.

나처럼 거대한 도마뱀은 본 적이 없을 거예요.
나는 한 끼에 내 몸무게만큼이나 먹는답니다.
그러니까 150킬로그램까지 먹지요!

나는 세상에서 가장 게걸스럽게 먹을 수 있답니다.
큰 주둥이와 넓은 목구멍이 있기 때문이에요.
우선 먹잇감에서 가장 큰 부분을 찢어요.
그리고 주둥이를 위로 올려 덩어리를 뱃속으로
꿀꺽 삼켜요. 고기뿐만 아니라 가죽과 뼈까지 몽땅!

어릴 때는 엄마와 아빠 또는 다른 동물에게
잡아먹히지 않도록 조심해야 해요.
하지만 어른이 되면 나를 이길 수 있는
동물은 아무도 없어요.
나는 심지어 인간도 공격해서
잡아먹을 수 있답니다.
나는 서른 살까지 살 수 있어요.

사냥할 땐 커다란 발에 달린 발톱으로 먹잇감을 땅바닥에 넘어뜨려서 짓눌러요. 긴 근육질 꼬리는 때리는 데 사용해요. 입을 크게 벌리면 거대한 턱에서 날카로운 이빨이 나타나요.
난 먹잇감의 어디를 물어야 할지 정확하게 알고 있어요. 먹잇감이 도망가도 내가 물 때 넣은 독 때문에 결국은 죽고 말아요. 어떻게 해서든 나의 승리!

나는 위협을 느끼면 뱃속에 있던 음식물을 몽땅 토해낼 수 있어요.
그러면 몸무게가 훨씬 줄어 더 빨리 도망갈 수 있답니다.

아프리카코끼리

땅이 흔들리고 진동하고 있어요. 내가 거대한 몸을 가진 무리와 함께 걷고 있으니까, 모두 비켜 주세요! 우리를 보면 어느 하나 놀랍지 않은 게 없어요. 육중한 다리에 거대한 몸, 커다란 귀, 게다가 개성 넘치는 상아까지 달려 있어요.

나는 누구일까요?

- **이름:** 아프리카코끼리
- **종류:** 포유류

다리: 4개의 육중한 다리

다리 끝에 **발**이 연결되어 있고, 발끝에 크고 단단한 발톱인 **발굽**이 있어요.

크기: 최대 **4미터**(어깨 높이). 수컷이 암컷보다 키가 더 커요.

몸무게: 최대 **7톤**(7,000킬로그램!)

꼬리의 끄트머리에는 **털이 한 다발** 있어요.

손가락 2개 역할을 하는 기다란 **코**

두껍고 주름진 **회색 피부**

서식지: 아프리카의 초원, 강 따라 길게 늘어서 있는 숲, 호수, 사막, 열대우림에 살아요.

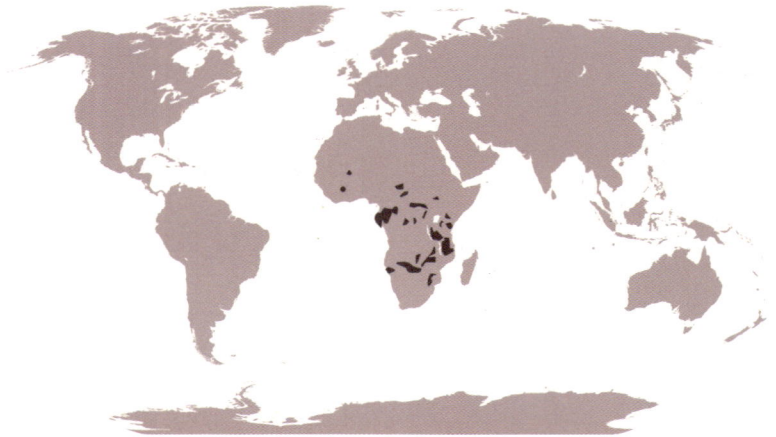

먹이: 잎사귀, 풀, 과일, 나뭇가지, 나무껍질, 뿌리

속도: **시속 40킬로미터**까지 잠시 달릴 수 있지만, 보통은 **시속 25킬로미터**로 걸어요. 나는 점프도 뜀박질도 못해요. 그저 경보하듯이 빠르게 걷지요.

0   40 km/u   100

천적: 늙거나 아픈 아프리카코끼리, 그리고 새끼 코끼리는 다음과 같은 동물들에게 공격을 당해요.

사자　　　호랑이　　　악어　　　하이에나　　　들개

다 자란 코끼리에게는 천적이 없답니다.

나는 암컷 코끼리들과 새끼들을 이끌어요. 우리는 **서로 도우며** 어린 코끼리들에게 생존하는 법을 가르쳐요. **수컷은 14살이 되면** 무리를 떠나요. 이제부터 그들은 **혼자 살거나 다른 수컷들과 함께** 살지요.

우리는 굉장히 **똑똑하고 기억력도 대단히 좋아요**. 나는 물이 많은 곳들과 먹이가 많은 지역들로 가는 길을 모두 기억할 수 있어요.

← 2개의 거대한 우윳빛 **상아**

↑ **커다란 귀**에는 혈관이 많아서 열을 식히는 데 쓸모 있어요.

촉각은 코끼리에게 아주 중요해요. 내 코에는 **만 개의 작은 근육**들이 있어요. 우리는 서로의 코를 감아 인사를 나누어요. 어린 코끼리가 내 뒤로 걸어오면 자기 코로 내 꼬리를 잡아요. 나는 격려하는 뜻으로 **새끼들을 쓰다듬어** 줘요. 물론 다리로 꾹 찌르거나 쥐어박기도 해요.

햇빛이 따갑기 때문에 **피부를 보호해야** 해요. 그래서 나는 규칙적으로 **진흙탕에 들어가** 뒹굴어요. **물로 목욕**을 하고 나면 등에 모래를 끼얹어요. 피부를 덮은 모래 덕분에 벌레도 꼬이지 않고 피부가 마를 일도 없어요. **귀**는 팔랑팔랑 **부채질**하는 데 쓰여요.

나는 **평생 여섯 번 이갈이**를 해요. 여러분은 한 번만 하겠지만요!

내 피부 두께는 2.5센티미터이고
몸무게는 7,000킬로그램까지 나가요.
태어날 때부터 100킬로그램 가까이 되니까
작은 아기는 아니지요?

코와 윗입술이 함께 자라서 강력하고 능숙한 코가 되었어요. 나는 코로 나무를
뿌리째 뽑을 수 있답니다. 땅콩처럼 아주 작은 열매도 코로 집을 수 있고
7미터 높이에 있는 나뭇잎도 뜯어 먹을 수 있어요. 내 코는 엄청나게 큰
빨대와 샤워기 역할도 해요. 코로 5리터 정도의 물을 단숨에
빨아들여 입 안이나 등에 뿌릴 수 있어요. 그리고
냄새도 맡을 수 있고 소리도 낼 수 있답니다.

튼튼한 상아로는 맛있는 뿌리를 찾아
땅을 뒤집을 수 있어요. 상아로 싸울
수도 있지요. 상아는 계속 자라요.
상아는 3미터까지 자랄 수 있고,
무게도 100킬로그램까지 나가요.
여러분의 작은 치아와 비교해 보면
얼마나 큰지 알겠지요?

나는 위험을 느끼면 고개를 들고 귀를 크게 펼쳐요. 그럼 상대방에게 훨씬 더 인상적으로 보이겠지요. 그래도 소용이 없으면 머리를 흔들고 귀를 펄럭인답니다. 나는 무리를 보호하기 위해 다리와 코로 먼지구름을 일으키기도 해요.

사냥꾼들은 우윳빛 상아와 가죽, 고기 때문에 우리를 죽여요.

나는 하루에 150킬로그램까지 먹어요. 때때로 우리 무리가 농장과 농작물들을 망가뜨릴 때도 있어요.

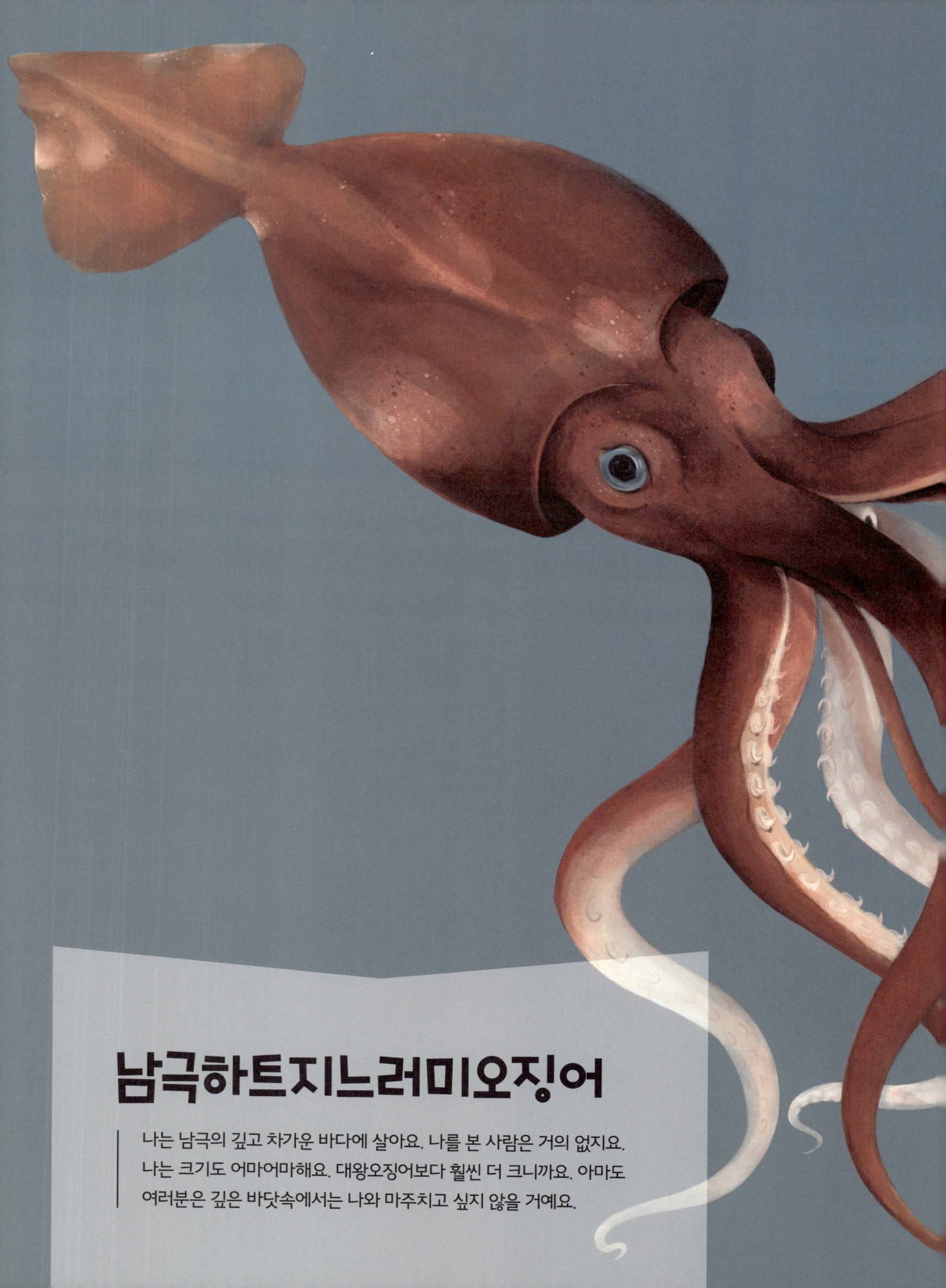

남극하트지느러미오징어

나는 남극의 깊고 차가운 바다에 살아요. 나를 본 사람은 거의 없지요.
나는 크기도 어마어마해요. 대왕오징어보다 훨씬 더 크니까요. 아마도
여러분은 깊은 바닷속에서는 나와 마주치고 싶지 않을 거예요.

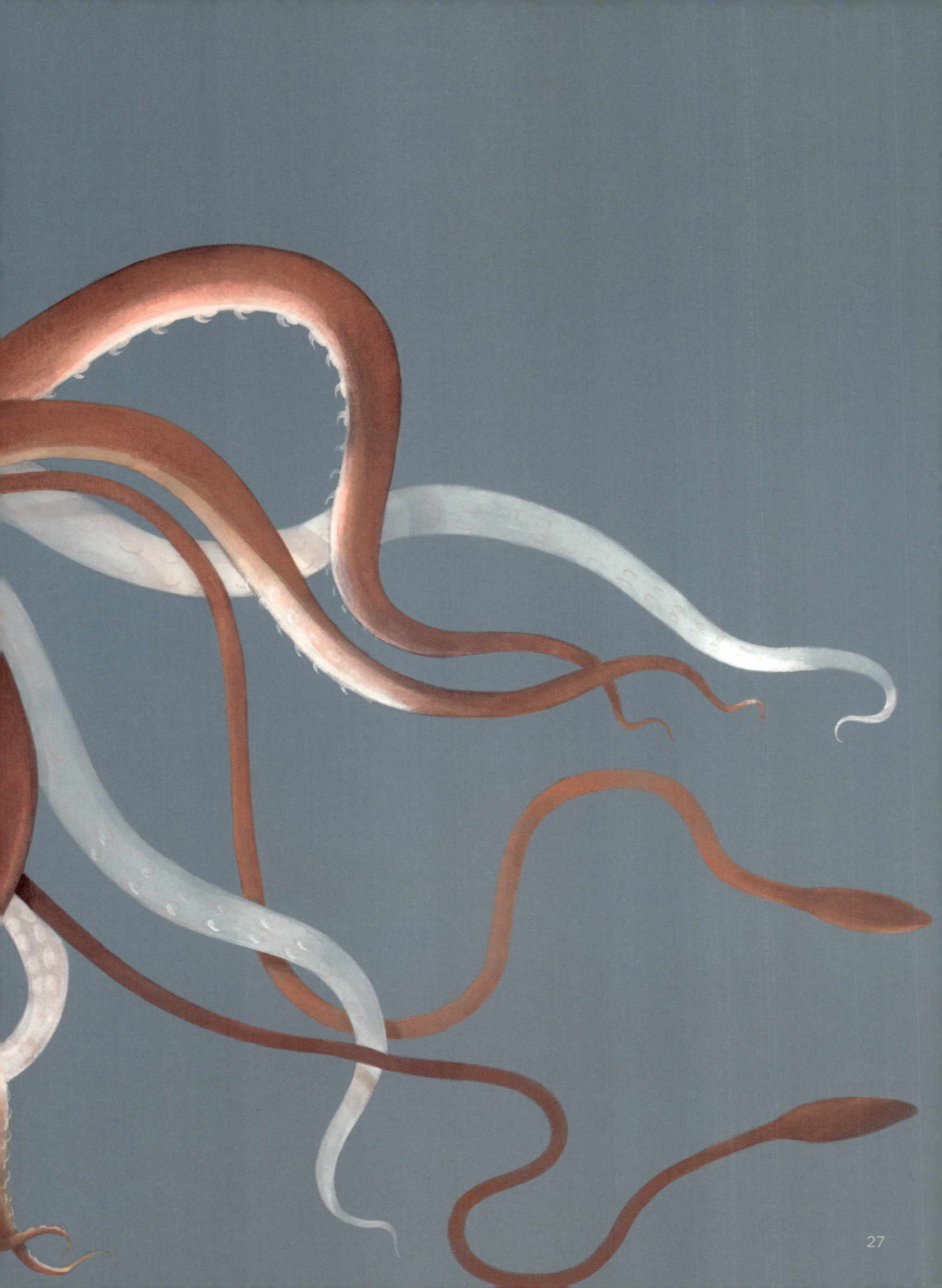

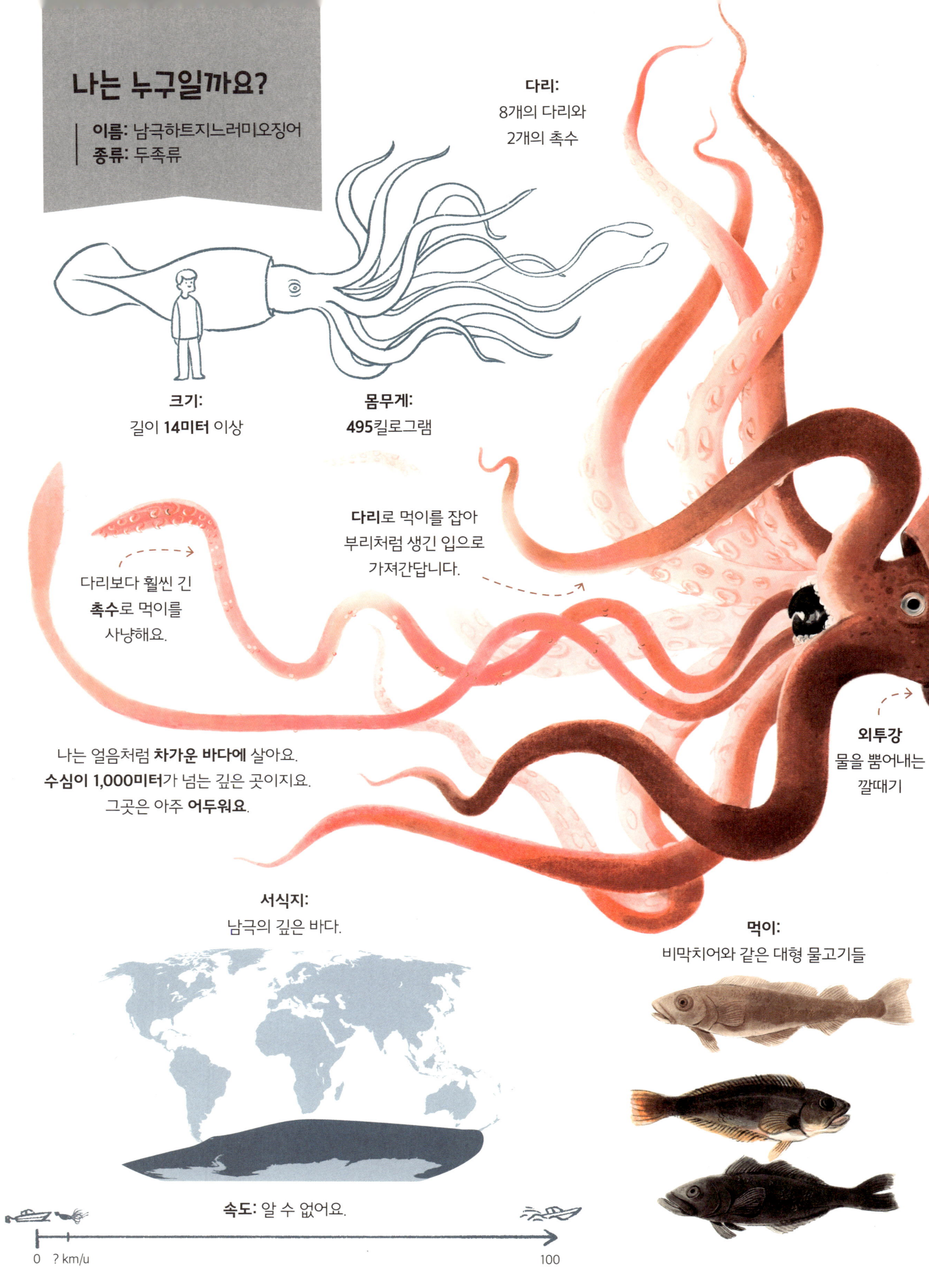

나는 누구일까요?

이름: 남극하트지느러미오징어
종류: 두족류

다리: 8개의 다리와 2개의 촉수

크기: 길이 **14미터** 이상

몸무게: **495**킬로그램

다리로 먹이를 잡아 부리처럼 생긴 입으로 가져간답니다.

다리보다 훨씬 긴 **촉수**로 먹이를 사냥해요.

나는 얼음처럼 **차가운 바다**에 살아요. **수심이 1,000미터**가 넘는 깊은 곳이지요. 그곳은 아주 **어두워요**.

외투강
물을 뿜어내는 깔때기

서식지: 남극의 깊은 바다.

먹이: 비막치어와 같은 대형 물고기들

속도: 알 수 없어요.

0   ? km/u   100

천적:

향유고래
(이빨고래류)

남방아프리카주름상어

다리와 촉수에는 **빨판과 고리**가 있어요.

몸통인 외투막은 2~4미터 정도예요.

타원형의 **지느러미**

나는 날카로운 **부리**를 가지고 있어요.

나의 외투강에는 **물을 뿜는 관**이 있어요.
이 관으로 몸 안의 물을 강하게 밖으로 밀어내면
그 반작용으로 몸이 **앞으로 나가요**.
방향을 조절할 때는 몸통 옆에 있는
지느러미를 움직여요.

바닷사람들 사이에서 나는 거대한 **바다 괴물**인
'크라켄'으로 불렸어요. 내가 실제로 존재한다는
사실을 사람들이 알게 된 건 최근의 일이에요. 과학자들이
향유고래 뱃속에서 나와 같은 종류의 거대한 오징어 촉수 2개를 발견하면서
내 존재를 확실히 알게 된 것이지요.

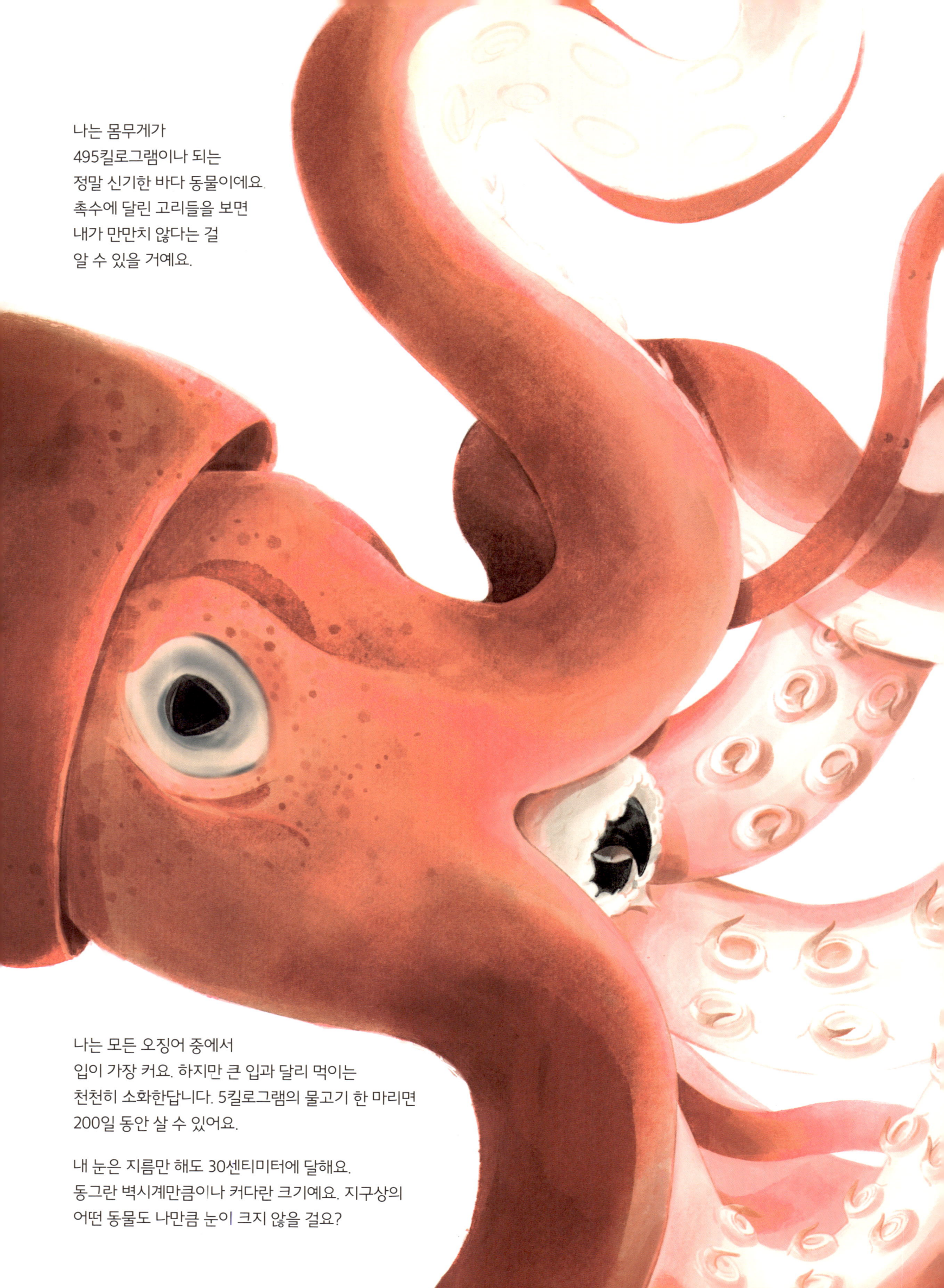

나는 몸무게가
495킬로그램이나 되는
정말 신기한 바다 동물이에요.
촉수에 달린 고리들을 보면
내가 만만치 않다는 걸
알 수 있을 거예요.

나는 모든 오징어 중에서
입이 가장 커요. 하지만 큰 입과 달리 먹이는
천천히 소화한답니다. 5킬로그램의 물고기 한 마리면
200일 동안 살 수 있어요.

내 눈은 지름만 해도 30센티미터에 달해요.
동그란 벽시계만큼이나 커다란 크기예요. 지구상의
어떤 동물도 나만큼 눈이 크지 않을 걸요?

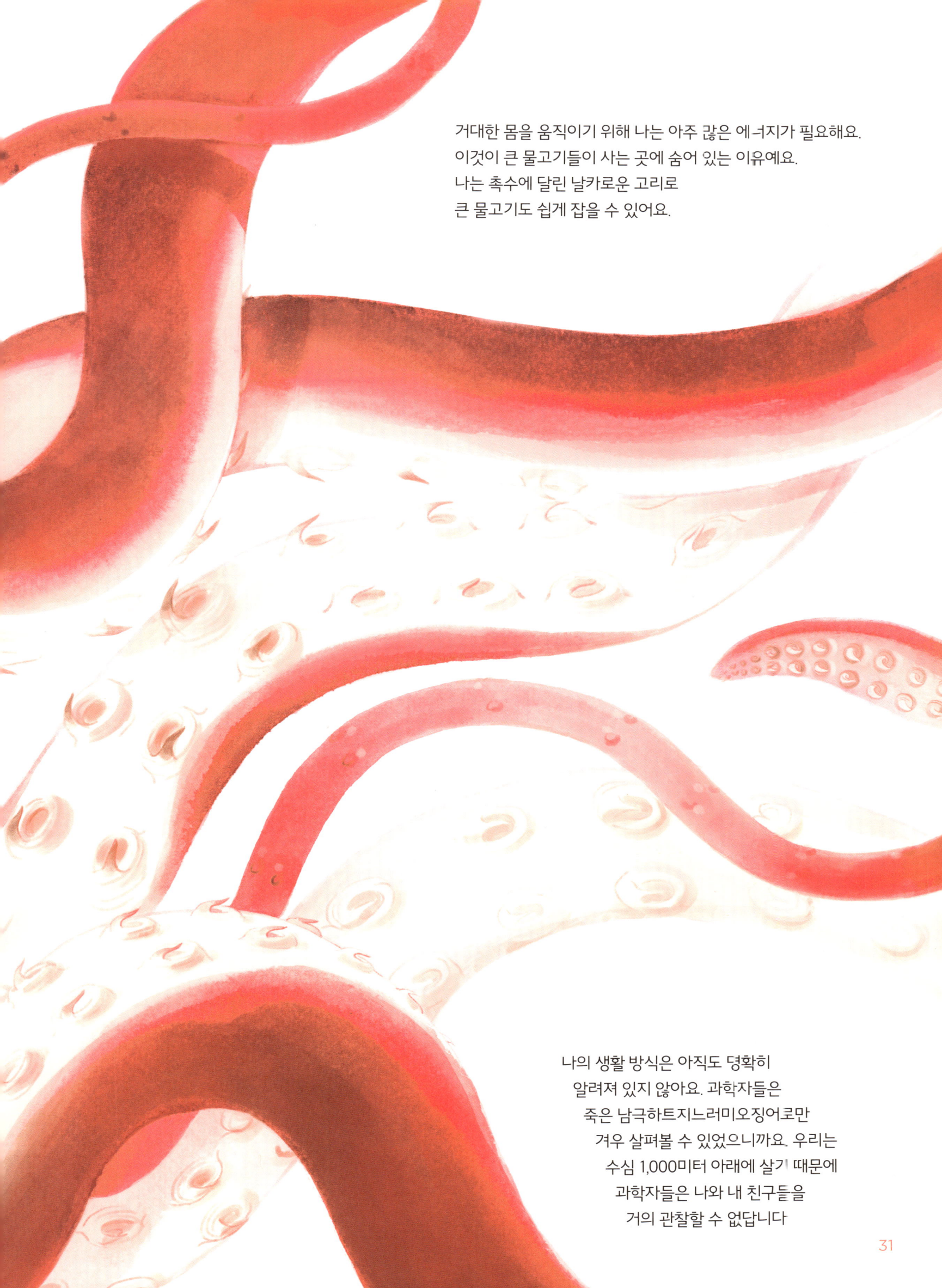

거대한 몸을 움직이기 위해 나는 아주 많은 에너지가 필요해요.
이것이 큰 물고기들이 사는 곳에 숨어 있는 이유예요.
나는 촉수에 달린 날카로운 고리로
큰 물고기도 쉽게 잡을 수 있어요.

나의 생활 방식은 아직도 정확히
알려져 있지 않아요. 과학자들은
죽은 남극하트지느러미오징어로만
겨우 살펴볼 수 있었으니까요. 우리는
수심 1,000미터 아래에 살기 때문에
과학자들은 나와 내 친구들을
거의 관찰할 수 없답니다

말코손바닥사슴

우리는 사슴과 동물 중에서 가장 몸집이 커요. 그게 우리의 자랑거리예요. 나는 나뭇가지처럼 멋지게 뻗은 뿔 덕분에 무척 다부져 보여요. 하지만 안타깝게도 뿔은 봄에서 11월까지 달려 있고, 겨울이면 떨어진답니다. 암컷은 뿔이 없어요.

나는 누구일까요?

| 이름: 말코손바닥사슴
| 종류: 포유류

크기: 수컷은 키가 1.5~2미터이고(어깨높이), 길이는 2.5~2.7미터가량 되어요. 암컷은 더 작아요.

몸무게: 275~800킬로그램

폭이 거의 **2미터**나 되는 **뿔**은 종이처럼 납작한 모양이에요.

다리: 앞다리 2개가 뒷다리 2개보다 더 길어요.

8~12센티미터의 **짧은 꼬리**

툭 튀어나온 **윗입술**

목 아래로 **군살**이 있어요.

서식지: 주위에 물이 있고, 침엽수와 낙엽수들이 많은 **북반구의 광활한 숲**에 살아요.

먹이: 이끼, 풀, 나뭇잎, 나뭇가지, 부드러운 나무껍질, 물풀

속도: 나의 최고 속도는 **시속 56킬로미터**이지만, 보통은 **시속 32킬로미터**로 걸어요.

0   56 km/u   100

천적:

곰　　늘대　　퓨마　　사람

겨울에 눈이 많이 내리는 **추운 지역**에서 나를 볼 수 있어요. 나는 **땀을 흘릴 수 없어서** 기온이 27도 이상 올라가면 힘들어져요. 그럴 때면 **열기를 식히려고** 얕은 물에 들어간답니다. 얕은 물에 몸을 담그면 성가신 **벌레들**도 쫓을 수 있어요. 나는 꼬리가 너무 짧아서 벌레들을 쳐낼 수 없거든요.

나는 땅거미 질 무렵이 좋아요. **저녁나절**이나 **아침 해가 뜨기 직전**에 돌아다니는 것을 좋아해요.

커다란 **귀**

어깨 근육 때문에 등이 **구부정**해 보여요.

나는 **혼자 사는 걸** 좋아하지만, **짝짓기 철**이 오면 짝을 찾으러 다녀요. **새끼**가 태어나면 **엄마**와 함께 사는데, 한 달이 지나면 몸무게가 두 배나 된답니다.

나는 **해마다** 더 큰 **뿔**이 새로 솟아나서 기뻐요. 뿔에는 아주 보드라운 피부가 붙어 있지만 8월 말이 되면 다 떨어져 나가요. 너무 **가려워서** 나무에 대고 마구 비벼 대거든요.

위턱에는 **앞니**가 없어요. 그래서 단단한 입천장과 아래쪽 앞니로 식물을 꽉 물어서 뜯어요. **혀도 아주 튼튼하답니다.**

나는 **물풀**을 즐겨 먹고, 물속에서 30초 동안 숨을 참고 있을 수도 있어요. 시속 9.5킬로미터 속도로 헤엄칠 수 있고 **20킬로미터까지도** 헤엄쳐 갈 수 있어요.

나의 커다란 콧속에는 수백만 개의 후각 세포가 있어요. 그래서 냄새를 굉장히 잘 맡는답니다. 나의 긴 귀도 모든 방향으로 다 움직이며 소리를 들어요. 그래서 먼 거리에 있는 천적도 알아챌 수 있답니다.

내 다리는 힘이 무척 세요.
무언가 나를 공격해 오면 앞다리로 공격하고
뒷다리로는 걷어차 버려요. 긴 앞다리 덕분에
어떤 종류의 장애물들도 쉽게 뛰어넘을 수 있답니다.

나는 발굽의 앞 발가락 두 개를 벌릴 수도 있어요.
이때 뒷 발가락은 지탱해 주는 역할을 하지요. 이렇게 하면
늪처럼 질척질척한 땅이나 눈 위에서 몸무게를 분산시킬 수 있어요.
그래서 깊이 빠지지 않는 거예요. 여러분이 눈 위를 걸을때 빠지지 않도록
신는 설피와 비슷하다고 보면 돼요.

수컷은 몸무게가 최대 800킬로그램까지 나가고, 암컷은 400킬로그램까지 나가요. 이런 거대한 몸집에도 불구하고 우리는 숲속에서 아주 조용히 걸어갈 수 있답니다. 그렇기 때문에 우리가 갑자기 덤불에서 쑥 나타나면 숲속에서 산책하던 사람들은 깜짝 놀라게 돼요. 종종 자동차와 충돌하여 사고가 생기는데 이때는 아주 큰 피해를 입힐 수 있어요.

사람들은 사슴 고기를 좋아해서
우리를 사냥해요.
다 자란 사슴에서는
고기가 많이 나온다면서요.

흰긴수염고래

많은 사람들은 코끼리가 지구에서 가장 큰 동물이라고 생각해요. 하지만 그건 나를 아직 몰라서 그러는 거예요! 내 몸 가운데 일부분인 혀만 해도 크기가 작은 코끼리 한 마리와 맞먹으니까요. 가장 큰 공룡도 나보다 작았다는 사실, 아시나요?

나는 누구일까요?

- **이름:** 흰긴수염고래
- **종류:** 포유류

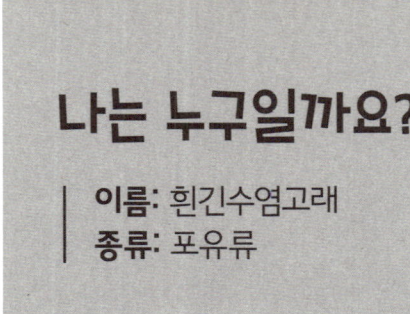

몸무게: 190톤
(190,000킬로그램)

크기:
수컷은 최대 27미터나 돼요.
암컷은 그보다 더 크답니다.
최대 33미터까지 자라요.

지느러미:
2개의 뾰족한
가슴지느러미,
작은 등지느러미,
브이(V)자로 갈라진
널따란 꼬리지느러미

청회색 등 위에는 밝은 색 반점이 많아요.
고래마다 반점의 수나 모양이 달라요.

넓고 평편한 **머리 위**에
숨구멍 2개가 있어요.

몸의 아래쪽은 더 밝은 색이에요.
목과 가슴 근처에는 80~100개 정도의
목주름이 있어요. 먹이를 먹을 때는
피부 주름이 펴져서 많은 양을
먹을 수 있답니다.

서식지:
모든 바다, 보통 차가운 물을 더 좋아해요.

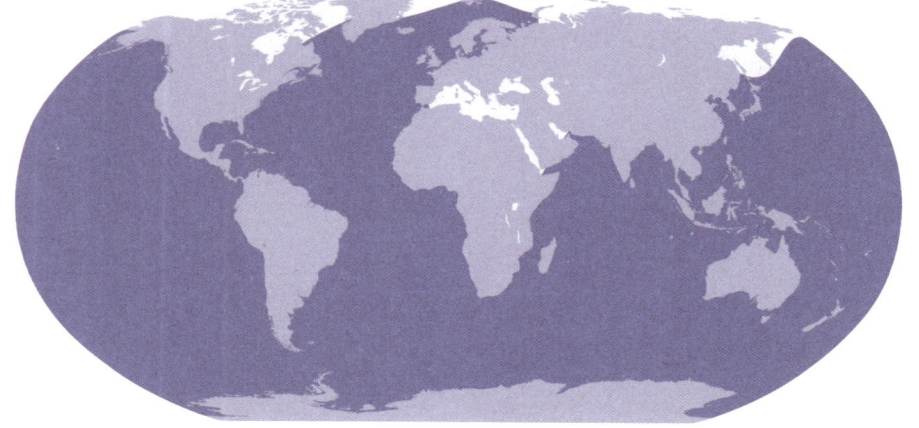

먹이: 크릴새우
크릴새우는 새우처럼 생긴
아주 작은 해양 생물이에요.

속도:
먹이를 먹는 동안에는 시속 약 5킬로미터로 헤엄쳐요. 평상시에는
시속 20킬로미터로 헤엄치지요. **최고 속도는 시속 50킬로미터랍니다.**

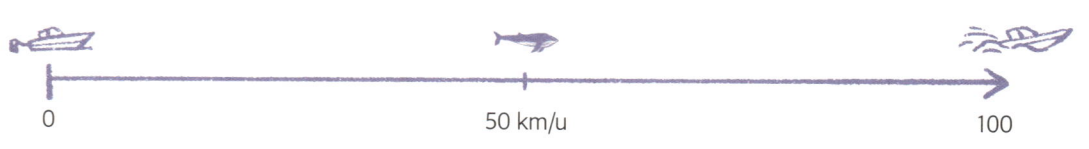

0   50 km/u   100

천적:
범고래와 상어가 어린 흰긴수염고래를 공격해요.

범고래   상어

고래 사냥꾼과 해양 오염이
흰긴수염고래의 적이에요.

고래 사냥꾼   해양 오염

이빨은 없지만
고래수염이 있어요.

위턱을 보면 800개나 되는 **고래수염**이 달려 있어요.
수염의 재질은 손톱과 비슷해요. 고래수염은 길이가
1미터이며 닳아 없어지기 때문에 계속 자란답니다.

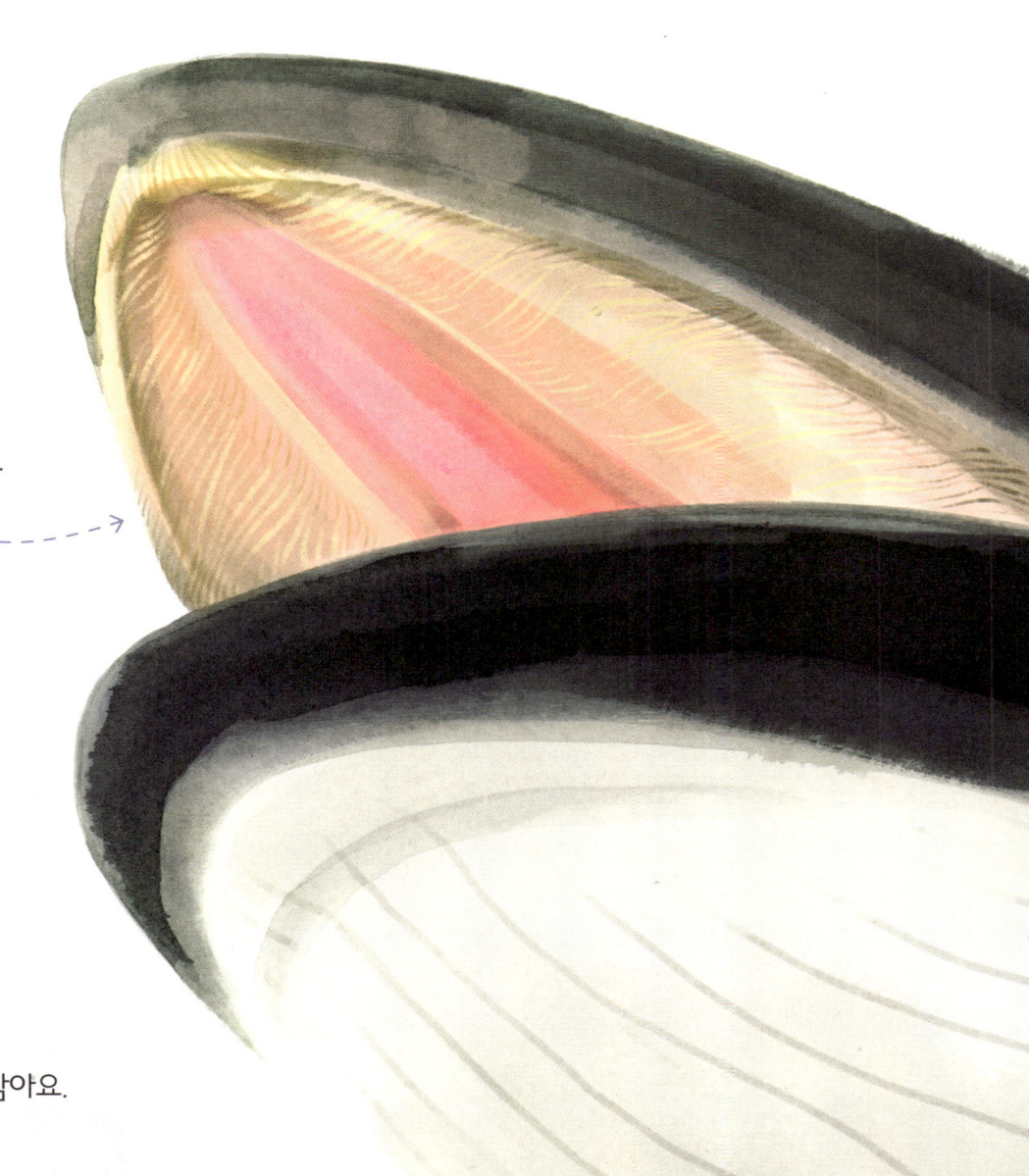

먹이를 먹을 때는 입을 쩍 벌리고
엄청나게 **많은 물**을 꿀꺽 삼켜요.
그다음에 입을 닫고 혀로 물을 밀어내지요.
고래수염은 **거름망**과 같은 역할을 해요.
물이 밖으로 나가면 뱃속에는 **크릴새우**만 남아요.

나는 100미터 **아래까지**
깊이 잠수할 수 있어요.
하지만 **포유류**라서
숨을 쉬기 위해 가끔씩
수면 위로 올라와야 해요.
올라오면 **숨구멍**으로
9미터나 되는 물 분수를
뿜어내지요.

나는 어떤 것과도 비교할 수 없을 만큼 정말 무거워요. 그리고 거의 혼자 살아요.
내 혀는 무게가 2,000킬로그램이나 되고, 심장은 대략 900킬로그램으로 소형차만큼 커요.
내 몸은 190톤 이상 나가니까 어린이 5,000명의 몸무게와 비슷하답니다.

나는 세상에서 제일 클 뿐만 아니라 세상에서 제일 시끄러운 동물이에요. 최대 180데시벨까지
낼 수 있으니까, 우리가 내는 소리는 비행기 소음(120데시벨)보다 더 커요. 사람들은 우리가 내는
소리가 노래와 비슷하다면서 '고래가 노래한다'라고 말해요. 이런 방식으로 우리는 때때로
수백 킬로미터 떨어진 곳에 있는 다른 흰긴수염고래와 이야기를 나눈답니다. 나는 눈이 작아
잘 볼 수는 없지만, 청각은 무척 뛰어나 작은 소리도 놓치지 않지요.

*데시벨 : 소리의 세기를 나타내는 단위

태어났을 때, 나는 몸무게가 2,000킬로그램 이상 나갔고
몸길이도 7미터가 넘었답니다. 매일 나는 엄마 젖을
500리터 이상 먹었어요. 몸무게도 1시간마다
3.5킬로그램씩 늘어났어요. 매일 85킬로그램 이상씩
몸무게가 늘어난 셈이지요!

나는 거대한 몸을 유지하기 위해
엄청난 양의 먹이를 먹어야 해요.
매일 3,500킬로그램의 크릴새우를 삼켜요.

나는 여름에는 먹이가 많은 남극해 근처에서 살아요.
겨울이 되면 적도를 향해 수천 킬로미터를 헤엄쳐 가지요. 이때는 거의
먹지 못하고 저장해 둔 지방으로 살아야 해요. 새끼는 2~3년에 한 번씩
따뜻한 바다에서 낳는답니다.

타조

세상에 나보다 더 큰 새는 없어요. 나는 모든 것을 내려다보죠.
또 긴 목을 민첩하게 사방으로 돌려 주변을 관찰해요.
하지만 날지는 못해요! 날기에는 몸이 너무 무겁고 날개도 너무
작아요. 그래도 나는 엄청나게 빨리 달릴 수 있답니다.

나는 누구일까요?

이름: 타조
종류: 조류

다리: 길고 튼튼한 2개의 다리

발가락이 2개뿐인 유일한 새.

몸무게: 최대 158킬로그램

크기: 수컷은 최대 2.7미터까지 자라요. 암컷은 더 작아요.

큰 눈과 긴 속눈썹

큰 발가락에 달린 **날카로운 발톱**은 길이가 10센티미터나 돼요.

넓은 부리

솜털로 덮힌 작은 **머리**와 **긴 목**

먹이:
풀, 뿌리, 나뭇잎, 씨앗, 과일, 곤충, 도마뱀, 뱀, 설치류.
나는 먹을 때 모래와 돌멩이도 함께 삼켜요.
그러면 소화가 더 잘 되거든요.
나는 잡식 동물이랍니다!

서식지:
아프리카의 광활한 모래 평원이나
나무가 많지 않은 탁 트인 초원에 살아요.

속도:
나는 **시속 48킬로미터**의 속도를 유지하며 1시간 동안 잘 달릴 수 있어요.
전력 질주하면 **시속 70킬로미터**까지도 달릴 수 있답니다.

0   70 km/u   100

천적:

사자 　　표범 　　하이에나 　　들개

우리는 **다른 타조 12마리**와 함께 아담한 **가족**을 이루고 살아요. 수컷 한 마리와 암컷 한 마리가 무리를 이끌지요.
우리는 **먹이**를 찾아 **먼 길**을 다녀요.

위험이 닥치면 **재빨리 도망쳐요**.
안전해질 때까지 계속 달려요. 어떤 동물도 우리만큼 오랫동안 빨리 달릴 수는 없어요.

암컷과 **어린 타조**들의 깃털은 **회색빛이 도는 갈색**이에요. **수컷**의 날개는 짧은데, **검은색 깃털에 흰색 장식깃**이 있어요. 옛날에는 타조의 아름다운 깃털로 기사의 투구를 **장식**했대요. 그 후에는 여성들의 옷을 장식했어요.

적이 멀리 있으면, 나는 다리를 접고 땅바닥에 몸을 쭉 뻗고 엎드려요.
머리와 목이 **모래와 비슷한 색**이라서 이렇게 하면 주변 풍경과 섞여 거의
눈에 띄지 않아요. 사람들은 내가 모래 속에 머리를 박고 있으면 스스로
투명 타조가 되려고 그렇게 한다고 말해요. 나의 뇌가 정말
작긴해요. 하지만 그렇게 멍청하지는 않아요.

가끔 다른 동물이 공격해 오면 **강한 발차기**로 되갚아 주기도 해요.
내 강력한 발톱은 **사자도 죽일 수** 있어요. 우리의 무릎 관절은
인간과 반대로 되어 있어서 나는 발을 앞으로 차요.

맞아요, 나는 기록 제조기예요. 모든 새 중에서 가장 키가 크고, 가장 무겁고, 가장 빨라요. 뭐, 어쨌든 가장 빠른 달리기 선수죠. 달리기 선수라고 한 것은 내 달음질보다 더 빨리 날아가는 새들이 있기 때문이에요.

또한 나는 육지 동물들 중에서 가장 큰 눈을 가지고 있어요. 눈의 지름이 거의 5센티미터나 되어요. 3.5킬로미터 떨어진 곳까지 볼 수 있을 정도로 시력도 뛰어나요.

우리는 종종 영양이나 얼룩말 같은 다른 동물과 함께 지내요. 이들이 풀을 뜯으며 땅을 이리저리 헤집으면 우리는 벌레를 잡아먹을 수 있거든요. 우리는 이들보다 더 멀리 볼 수 있고, 이들은 우리보다 냄새를 더 잘 맡아요. 그래서 누군가 위험을 느끼면 모든 친구들에게 경계경보를 울리지요.

나는 멀리, 그리고 높이 뛸 수 있어요. 최고 속도로 뛰면 보폭이 4미터 가까이 된답니다. 뛸 때는 짧은 두 날개를 활짝 펴서 균형을 잡아요. 1.5미터 높이의 장애물도 훌쩍 뛰어넘을 수 있지요. 이 말은 즉 내가 여러분을 쉽게 훌쩍 뛰어넘을 수 있다는 거예요!

나의 알은 15센티미터 정도이고, 무게는 1.5킬로그램이나 나가요. 달걀 24개와 맞먹는 크기지요. 모든 암컷은 무리의 우두머리가 흙을 파서 만든 둥지에 차례로 알을 낳아요. 우두머리 암컷과 수컷은 15~50개 정도의 알을 순서대로 부화시킨답니다.

갈라파고스땅거북

나는 지구상에서 가장 큰 거북이에요. 빨리 달릴 수도 없지만, 기진맥진하도록 애써 달릴 필요도 없어요. 내 등에는 나를 보호해 줄 등딱지가 있기 때문이에요. 위험이 닥치면 언제든지 숨을 수 있어요. 햇볕을 즐기며 여유롭게 어슬렁어슬렁 다니는 일이 나의 하루 일과랍니다.

나는 누구일까요?

- **이름:** 갈라파고스땅거북
- **종류:** 파충류

긴 목과 강력한 턱

크기:
머리에서 꼬리까지
152센티미터예요.

몸무게:
400킬로그램 정도이며
수컷이 암컷보다 더 무거워요.

다리:
4개의 짧고
비늘로 뒤덮인 다리

뒷다리 **발톱**은
4개이고
앞다리 **발톱**은
5개예요.

먹이:
풀, 나뭇잎, 식물, 이끼, 과일, 선인장

서식지:
갈라파고스 제도의 화산암 지역,
그중에서도 풀과 키 작은 나무, 선인장이 많은 곳에서 살아요.

속도:
시속 0.3킬로미터

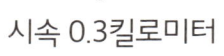

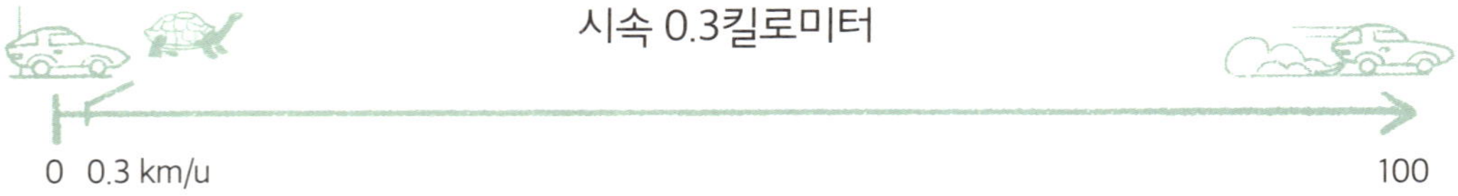

0 0.3 km/u   100

천적:

들쥐   고양이   들개

들쥐와 고양이에게
어린 거북들이 잡아먹혀요.
다 자란 거북은 들개의 공격을 받아요.

옛날에, 스페인에서 온 선원들이
거대한 거북들이 사는 여러 섬을 발견했어요.
그들은 그 섬들을 '갈라파고스'라 불렀거요.
스페인 말로 '**거북**'이라는 뜻이래요. 그러니까 나는
내 이름을 딴 섬에서 살고 있는 셈이어요!

나에게는 말 위에 얹는 안장 모양의 **등딱지**가 있어요.
등딱지는 앞이 뚫려 있어서 **목**을 쭉 뻗을 수 있어요.
이렇게 하면 높이 있는 식물도 먹을 수 있지요.

나는 **다윈의 핀치**(갈라파고스에 사는 멧새과 새들)라고
불리는 작은 새들과 아주 친해요. 핀치새들이
내 피부 주름과 등딱지에 사는 진드기를 먹어 주니까요.

말의 안장처럼
생긴 **등딱지**

나는 **두려움**을 느끼면 **등딱지 안에 숨어요.**
머리와 목, 다리를 안으로 쑥 집어 넣는 거예요.
등딱지는 갈비뼈와 연결되어 있어서 몸이
밖으로 밀려나지 않아요. 이 단단한 갑옷 덕분에
꼭꼭 숨어서 안전하게 몸을 지킬 수 있답니다.

나는 땅에 **구멍**을 파서 **그 안에 알**을 낳아요. 그다음 흙으로 잘 덮은 뒤
배딱지로 땅을 평평하게 다져 주어요. 따뜻한 햇살 덕분에
어린 거북들은 무럭무럭 자라 알을 깨고 나온답니다.
이제부터 내가 신경 쓸 일은 없어요.

거대한 몸을 가진 우리는 느긋하게 사는 걸 좋아해요.
햇볕을 즐기며 하루에 거의 16시간이나 잠을 잔답니다.

모든 거북은 그 무리에서 자신의 서열이 있어요. 나도 내 서열을 알고
서열에 맞게 잠을 자는 등 규칙을 잘 따른답니다. 따뜻한 계절이면
아침과 저녁에 활발하게 움직이지만, 너무 더우면 햇빛을 피해 그늘에서
쉬어요. 추운 계절에는 한낮에 가장 바쁘답니다.

나는 150살까지 살 수 있어요. 등딱지도 나와 함께 자라지만
가장자리는 닳아 없어져요.

나는 키가 1.5미터에 몸무게가 400킬로그램이나 나가는데도
아무것도 먹지도 마시지도 않고 1년이나 살 수 있답니다. 대단하죠?

나는 거북 중에서 가장 덩치가 큰 종인데도 생존의 위협을 받고 있어요.
말과 염소, 소들이 내 영역을 침범해 풀을 뜯어 먹거든요.
그러니까 내 먹이가 줄어들고 있다는 뜻이에요. 녀석들은
내 서식지를 짓밟아요. 쥐들은 내 알을 훔쳐 먹고요.
또 사람들은 나를 사냥하고 있어요.

나는 수영을 잘 못해요. 그렇지만 내 등딱지 안에는 공기로 가득 찬 공간들이 많아서
물 위에 잘 뜰 수 있어요. 이런 공기 방들이 내 등딱지를 가볍게 만들어 주거든요.
만약에 공기 방들이 없는 완전히 막힌 등딱지라면 무거워서 가라앉았을 텐데 다행이어요.

하마

낮에는 커다랗고 둥글둥글한 내 몸을 자주 볼 수 없을 거예요. 낮에는 주로 얕은 물에 서서 코와 귀, 눈만 물 밖으로 내놓고 있어서 그래요. 땅 짚고 헤엄치는 거예요. 밤이 되면 풀을 뜯기 위해 땅 위로 올라와요. 나는 동작이 느리고 순해 보여요. 하지만, 아주 재빠르고 위험한 동물이랍니다.

나는 누구일까요?

- **이름:** 하마
- **종류:** 포유류

크기:
4미터까지 자라고, 수컷이 암컷보다 더 커요.

몸무게:
거의 4,000킬로그램

커다란 머리에 있는 크고 넓적한 입, **입을 쩍 벌릴 수** 있어요.

커다란 **엄니**는 각각 무게가 3킬로그램까지 나가요.

다리:
4개의 짧고 튼튼한 다리

4개의 **발가락 사이**에는 물갈퀴와 비슷한 막이 있어요.

굵은 꼬리, 길이는 50센티미터.

피부 두께는 5센티미터가량 되며 **털이 거의 없어요.**

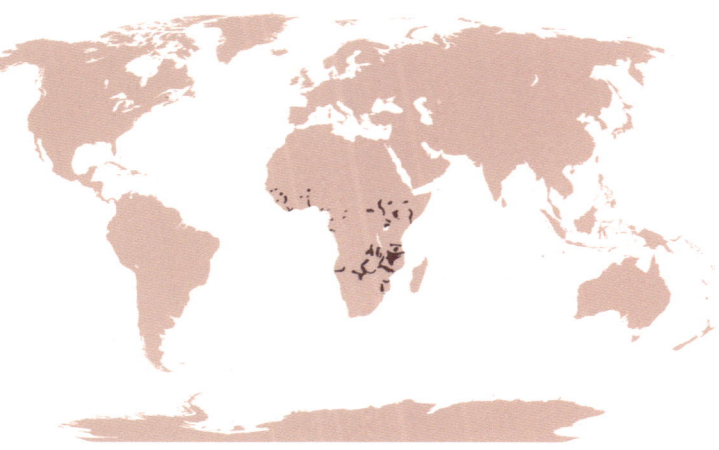

서식지:
아프리카, 그중에서도 호수, 하천, 늪의 얕은 물에 살아요.

먹이:
온갖 종류의 풀

속도:
나는 육지에서 **시속 45킬로미터**로 달릴 수 있고, 물속에서도 **시속 8킬로미터**로 헤엄칠 수 있어요.

0   45 km/u   100

천적:
어린 하마는 악어, 사자, 하이에나의 공격을 받아요.

악어 사자 하이에나

나는 **매우 따뜻한 지역**에서 살아요. 더위를 식히려고 하루에 16시간 정도 **물속에** 있답니다. 내가 **얕은 물**을 찾는 것은 물속에 몸을 담그고 안전하게 잠자려고 그러는 거예요. 나의 **귀와 눈, 콧구멍**은 머리 위에 거의 나란히 있어요. 그래서 물속에 있어도 눈과 귀, 코를 밖으로 내놓아 보고 듣고 숨을 쉴 수 있어요.
내 **피부샘**에서는 분홍색 물질이 나와. 물 밖에 나갔을 때 햇볕에 타지 않도록 **막아 주는** 역할을 한답니다.

어릴 때는 **수영**을 할 수 있었지만 지금은 너무 무거워져서 물속에서 걸어 다녀요. 그래도 깊은 물속에서 콧구멍과 귀를 닫고 **5분 정도**는 잠수할 수 있답니다.

사람들은 내가 크고 무거우니까 위험하지 않다고 생각해요. 그건 사실이 아니에요. 물 밖으로 나가려고 할 때 누군가 길을 막으면, 나는 그냥 **들이받아요**. 어마어마한 내 **몸무게**를 생각하면 **치명적**이 될 수 있어요. 나는 악어를 물어 두 동강 내기도 해요.

다른 하마가 내 **영역을 침범**한다고요? 그러면 나는 엉덩이를 그 녀석에게 휙 돌려서 단단한 **똥**을 한가득 누면서 꼬리를 양옆으로 휘휘 돌려 똥을 흩뿌려 준답니다. 이런 대접을 받으면 녀석도 빨리 다른 곳을 찾아 떠나겠지요.

나는 15마리의 다른 하마들과 무리를 지어 살아요.
하지만 건기에는 150마리나 되는 하마들이 같은 웅덩이를 쓰기도 해요!
내가 우리 무리의 대장이에요. 가장 크고 힘센 수컷이거든요.
다른 수컷들이 도전해 오면 나는 하품을 하면서 50센티미터나 되는
거대한 내 엄니를 보여 줘요. 그래도 상대방이 겁을 먹지 않으면
싸움이 시작된답니다.

밤에 먹이를 찾으러 땅에 올라가면 시속 10킬로미터로 빨리 걷기도 해요.
나는 약 40킬로그램의 풀을 먹는답니다. 풀은 0.5미터나 되는 나의 넓은
입속으로 쑥쑥 들어가요. 풀은 엄니가 아닌 입술로 뜯지요. 40킬로그램의
풀이라 해도 이 육중한 몸을 생각하면 그리 많은 양이 아니에요.
하지만 나는 에너지를 많이 쓰지 않으니까 괜찮아요.
많이 움직이지 않고 잠을 아주 많이 자거든요.

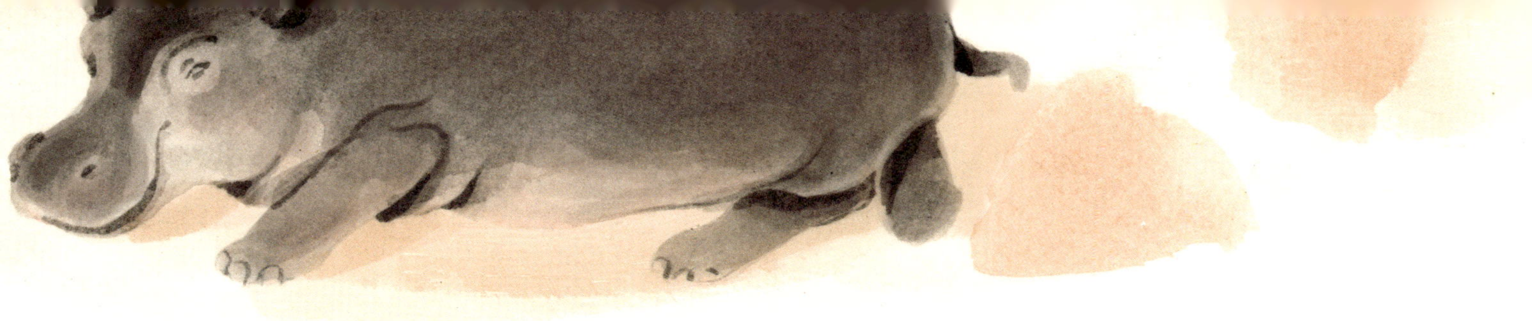

나는 시력이 좋지 않지만, 대신 냄새는 기가 막히게 잘 맡아요. 풀밭이 어디에 있는지 냄새로 단박에 알아낸답니다. 충분히 먹고 나면 다시 물가로 되돌아가요. 물속에서 다음 날 저녁까지 게으름을 피우면서 놀지요. 여러분은 낮에 물속에 있는 내 몸은 보지 못해도 내 목소리는 들을 수 있을 거예요. 왜냐하면 나는 진짜 소음쟁이거든요. 코를 훌쩍이기도 하고, 쌕쌕거리거나 으르렁거리며 나는 진공청소기만큼이나 시끄러운 소리를 내니까요.